Extrait du BULLETIN MÉDICAL du 29 avril 1908

A PROPOS DE " L'ÉTAT ANTÉRIEUR "

DANS

les Accidents du Travail

CONFÉRENCE FAITE A L'HOSPICE DE LA SALPÊTRIÈRE

(Service de M. le Prof^r SEGOND)

PAR

M. Olivier LENOIR

PARIS

Imprimerie Jean Gainche, R. Tancrède Succ^r

15, rue de Verneuil, 15

1908

Extrait du BULLETIN MÉDICAL du 29 avril 1908

A PROPOS DE " L'ÉTAT ANTÉRIEUR "

DANS

les Accidents du Travail

CONFÉRENCE FAITE A L'HOSPICE DE LA SALPÊTRIÈRE

(Service de M. le Prof Segond)

PAR

M. Olivier LENOIR

PARIS

Imprimerie Jean Gainche, R. Tancrède Succr

15, rue de Verneuil, 15.

1908

A PROPOS DE "L'ÉTAT ANTÉRIEUR"

DANS

LES ACCIDENTS DU TRAVAIL

Dans nos premières conférences, je vous ai dit que la jurisprudence tendait à établir, de plus en plus nettement, qu'il ne saurait résulter, pour le patron, une atténuation de responsabilité du fait des prédispositions pathologiques antérieures du blessé. Je ne vous engageais pas moins, au cas où votre avis vous serait demandé dans un cas d'accident du travail, à dire toute votre pensée à ce sujet, espérant bien qu'un jour viendra où nos voix, à nous, hommes du métier, finiraient par être entendues. A ce propos, je vous parlais du vœu adopté à l'unanimité, en Octobre 1907, par les membres du Congrès de chirurgie, sur la proposition de notre maître Segond et de Jeanbrau, de Montpellier, chargés d'enquêter sur les rapports du traumatisme avec le cancer et la tuberculose. Ce vœu était ainsi conçu :

« Il est désirable que la loi de 1898 soit modifiée de façon à ne pas exclure, de parti-pris, dans la réparation pécuniaire des accidents, le rôle des prédispositions et des maladies préexistantes. Cette modification atténuerait les conséquences fâcheuses de l'indemnité transactionnelle et forfaitaire en permettant de tenir compte des responsabilités atténuées et d'accorder une indemnité exactement proportionnelle au dommage. »

En vous disant que le retentissement de ce vœu serait grand, je ne croyais pas être aussi rapidement bon prophète. Depuis le Congrès de chirurgie, je ne trouve pas moins de trois travaux dont les auteurs prennent position contre les conclusions de cette assemblée. Ce sont : la thèse de Doucet-Bon, élève de Balthazard (26 décembre 1907) ; deux articles du professeur agrégé Balthazard (numéros 18 et 21 de la

Presse médicale, 29 février et 11 mars 1908), et, enfin, une clinique du professeur Reclus (*Bulletin médical*, 14 mars 1908).

A n'en point douter, il vous semblera téméraire de revenir sur une question traitée récemment par M. Reclus, avec toutes les ressources de son esprit si didactique et de son style si captivant. Je n'en estime pas moins qu'il est de notre devoir de faire connaître notre opinion, lorsqu'elle s'appuie non sur des spéculations philosophiques, mais sur l'examen, pour ainsi dire journalier, de cas relevant de la loi de 1898.

Peut-être vous paraîtra-t-il curieux de constater, dès le début de cette étude, que nous trouvons, d'une part, l'immense majorité des chirurgiens et des praticiens, de l'autre, la plupart des magistrats, de ceux, tout au moins, composant les tribunaux suprêmes; et, parmi nos maîtres, un agrégé de médecine légale et un professeur de clinique chirurgicale, souvent chargés d'expertises par les tribunaux. C'est que, effectivement, les arguments fournis par les adversaires de l'atténuation de responsabilité sont bien plutôt légaux que médicaux. Nous en reparlerons tout à l'heure.

La question peut se poser de savoir s'il est même utile de rouvrir le débat. Certes, l'abord n'en a rien d'engageant. A l'heure actuelle, l'ouvrier tend à être considéré comme le seul travailleur intéressant; les démagogues ne cessent de lui répéter qu'il a tous les droits, et peut-être faut-il un peu de courage pour élever la voix contre un des privilèges qui lui sont accordés, à lui seul, dans la société. C'est là s'exposer à être accusé d'inhumanité et d'esprit réactionnaire, accusation particulièrement pénible quand on a applaudi du fond du cœur et sans arrière-pensée à une loi comme celle de 1898, loi de justice et d'équité, obligeant la société à réparer les dommages causés à ceux qui contribuent à sa force et à sa prospérité. N'avons-nous, cependant, pas le droit, le devoir même de combattre celles des interprétations de cette loi qui nous semblent abusives et arbitraires ? J'espère vous démontrer que pareille tentative, bien loin d'aller à l'encontre des intérêts de l'ouvrier, ne peut que leur être profitable.

Je vous ai dit que notre voix finirait bien par être entendue. Tel n'est pas l'avis de Balthazard, qui s'exprime en ces termes :

« Il faudrait bien mal connaître l'état d'esprit du Parlement, en ce qui concerne les lois ouvrières, il faudrait ignorer combien le législateur est fier de son œuvre de 1898... pour penser que le vœu du Congrès de chirurgie eût la moindre chance d'être pris en considération. »

Mais je n'ai pas douté un seul instant que nos législateurs ne fussent tout à fait satisfaits d'eux-mêmes, et nous avons vu, tout récemment, qu'ils savaient apprécier leur labeur à sa très juste valeur. Est-ce une raison parce que les convaincre est tâche difficile pour ne pas la tenter? Je ne le crois pas, et mon opinion est bien admissible, puisque Brouardel, qui s'y connaissait, je pense, tant en médecine légale qu'en travaux parlementaires, regrettant l'exclusion, par les tribunaux, de toute appréciation sur l'état antérieur du blessé, estimait comme fort possible que ses desiderata reçussent un jour satisfaction. Rappelons-nous qu'il a tenu à un fil que, dans la loi, l'état antérieur fût pris en considération. Le 5 juin 1893, à la Chambre, M. Dron demandait *même* que les indemnités ne fussent pas dues pour « les aggravations résultant de lésions ou d'infirmités préexistantes. » Il ne retira son amendement que sur l'observation du rapporteur, M. Maruéjouls, disant que ce texte alourdirait la loi et que : « la Commission était d'accord avec lui (M. Dron) sur le fond de l'amendement, et n'hésitait pas à déclarer que les indemnités n'étaient dues que pour les conséquences directes et immédiates des accidents. » Ce qui fut ainsi convenu, c'est à peu près ce que nous demandons; nous n'en réclamons même pas tant, puisque nous ne songeons pas à poser de règle générale; mais les tribunaux semblent avoir oublié les vues de la Commission. Est-il donc impossible de faire varier la jurisprudence? Est-il donc défendu de l'essayer?

Je n'insisterai pas longtemps sur les raisons de simple bon sens qui nous poussent pour ainsi dire tous, nous autres médecins et chirurgiens, à estimer qu'il résulte pour le patron une atténuation de responsabilité du fait que le blessé était plus exposé à l'affection dont il est atteint, par une tare, une maladie, une prédisposition antérieures. Prenons, par exemple, un cas de hernie. Voici un sujet qui se présente à vous avec une hernie inguinale gauche, récente. de petit volume, douloureuse, survenue à la suite d'un violent effort. Son apparition s'est accompagnée d'une vive douleur, de l'impossibilité de continuer le travail. A l'examen, vous trouvez que, de ce côté, l'anneau est large, admettant très facilement la pulpe de l'index, que la paroi antérieure du canal est dépressible, l'arcade crurale peu rigide et facile à abaisser vers le pubis. La musculature abdominale est médiocre; à droite, pendant l'effort, une saillie ovoïde se dessine au-dessus de l'arcade de Fallope, et le toucher révèle une dilatation marquée de l'orifice inguinal superficiel. Vous voyez qu'à dessein, je ne choisis pas un cas de hernie de force vraie, pas plus qu'un type de hernie de faiblesse. C'est là une hernie par effort violent chez un prédisposé. Vous avez en main les données du problème : effort violent, subit. insolite, anormal, de nature, en un mot, à créer un véritable « accident du travail », hernie paraissant récente, tout au moins comme apparition à l'extérieur et prédisposition herniaire indéniable. Comment donc jugeriez-vous si la loi de 1898 n'existait pas, ou, plutôt, s'il n'y avait pas de jurisprudence? Vous diriez évidemment : l'effort a été suffisant pour amener l'issue de la hernie: rien ne prouve qu'elle ne fût pas restée longtemps seulement « en puissance » sans l'accident: nous devons donc une indemnité au blessé : mais cependant, comme il est plus probable que, s'il n'y avait pas eu prédisposition, il n'y aurait pas eu hernie, la responsabilité du patron nous semble atténuée.

Et vous la trouverez à chaque instant, cette question de la prédisposition. Permettez-moi encore un exemple: ce sera le dernier; j'en aurais trop à citer.

Il y a quelques jours, je voyais un ouvrier de chemin de fer qui, *un an auparavant*, avait été atteint de lumbago après avoir soulevé une pièce assez lourde. « Un an auparavant », vous m'entendez bien; et, depuis, il déclarait souffrir des reins toutes les fois qu'il voulait recommencer à travailler.

L'examen le plus minutieux, je pourrais presque dire le plus bienveillant — car il est pénible de penser que l'on peut méconnaître une lésion et faire tort à un malheureux — l'examen le plus minutieux, dis-je, ne révélait rien d'anormal du côté des muscles, des os, des articulations, des nerfs, des viscères, des fonctions physiologiques. Or, la feuille de repos pour maladies de cet homme, portait *qu'il s'était arrêté plus de cent jours dans les dix mois qui avaient précédé l'accident,* et ce, pour « rhumatismes », « douleurs musculaires », etc. Eh bien, je le demande, quel médecin ne tiendrait pas compte, en pareil cas, de l'état antérieur du malade pour asseoir son opinion?

Mais il ne s'agit pas d'exposer nos arguments: nos adversaires les connaissent et, très loyalement, admettent qu'ils sont adoptés par presque tous les médecins; examinons, plutôt, ce que valent les leurs.

Et d'abord, dans les écrits auxquels j'ai fait allusion, la question est-elle bien posée? Le professeur Reclus prend, comme exemple, un ouvrier atteint d'une coupure de la main. Cet homme est diabétique et, au lieu de guérir rapidement, est atteint d'un phlegmon diffus, nécessitant plusieurs mois de soins, et laissant, derrière lui, des cicatrices vicieuses, des atrophies musculaires. Ceci étant donné, le magistrat, dit M. Reclus, indemnisera-t-il l'ouvrier seulement des dix jours de chômage qu'aurait nécessités sa coupure et lui laissera-t-il pour compte, comme imputables au phlegmon, les centaines de francs représentant les mois de demi-salaire et la rente viagère, rançon de sa réduction professionnelle? Mais je crois que l'expert qui conclurait de la sorte commettrait un déni de justice, et suis, sur ce point, parfaitement d'accord avec M. Reclus. Nous n'avons rien demandé de semblable. Il y a eu phlegmon; cette maladie est le résultat d'un accident du travail: le blessé doit donc toucher son demi-salaire jusqu'à l'époque de « consolidation » de la blessure. Ce phlegmon a déterminé une impotence durable, cette impotence entraîne une responsabilité patronale. Et ceci d'autant plus que rien ne prouve qu'il ne se fût pas déclaré un phlegmon même en l'absence de diabète. Toute plaie peut être l'origine d'un phlegmon et, d'autre part, tous les diabétiques qui se coupent ne font pas de phlegmon. L'exemple n'est donc peut-être pas absolument bien choisi.

Le cas du diabétique paraît, au reste, cher aux adversaires du vœu du Congrès de chirurgie. Il est certain qu'il s'agit toujours, en pareille matière, de faits d'interprétation difficile. Doucet-Bon nous dit : prenons un diabétique, victime d'un accident qui nécessite une intervention chirurgicale. Celle-ci, comme c'est souvent le cas chez les diabétiques, entraîne la mort « *et vous voudriez mettre l'accident hors de cause* ! » Voyons, franchement, qui a parlé de cela, qui voudrait mettre l'accident hors de cause ? Je le répète, nous demandons seulement que s'il est *évident* que l'accident et ses suites ont emprunté une gravité particulière au fait d'une prédisposition ou d'une maladie antérieure, la responsabilité patronale soit atténuée, qu'il y ait, dans ce cas, « un tempérament à apporter à la responsabilité de l'auteur », comme le demandait le président Benoît, à la Société de médecine légale, avant la promulgation de la loi de 1898.

Prenons maintenant, un à un, les arguments produits pour le maintien, en jurisprudence, du *statu quo*.

J'estime — et vous, médecins, estimerez probablement avec moi — que le fait de voir la jurisprudence s'accentuer, de plus en plus, dans un sens opposé à celui que nous voudrions lui voir adopter, ne signifie rien contre nous. Il est bien évident que les magistrats préfèrent les solutions simplistes, et qu'ils s'y tiendront tant que nous ne leur en aurons pas démontré le mal fondé. Au reste, hâtons-nous de le dire, un certain nombre de tribunaux partagent notre façon de voir, et nous n'en voulons d'autre preuve que la grande quantité de jugements, concluant à la prise en considération de l'état antérieur, réformés par la Cour de cassation.

Vous nous disiez, nous objecte-t-on, que cette jurisprudence, attaquée par vous, va à l'encontre des intérêts de la classe ouvrière, en ce sens qu'elle aboutirait à faire éliminer des usines tous les ouvriers ayant une tare quelconque. Or, rien de semblable ne s'est produit. Pardon, il n'y a, évidemment, pas eu ostracisme de tous les tarés ; il est bien entendu qu'en agissant ainsi, on ne trouverait plus de travailleurs ; mais, pour me borner à ma compétence personnelle, je pourrais vous citer telle compagnie de chemins de fer où les médecins, lassés de voir des hernieux se révéler cinq à six jours après leur embauchage, ont maintes fois refusé d'accepter, depuis un an, de braves garçons dont les anneaux inguinaux présentaient, certes, un peu de dilatation, mais qui étaient cependant absolument aptes à tout service actif. N'ont-ils donc pas été lésés, ceux-là ?

Mais, nous dit-on, il s'agit là de cas assez rares; les ouvriers sont satisfaits de la loi actuelle et ne peuvent qu'approuver la jurisprudence relative à l'état antérieur. Je le crois facilement, comme je crois aussi qu'ils seront mécontents de toute restriction apportée à leurs privilèges. Reste à savoir — et beaucoup de nos maîtres en médecine légale et expertises pour accidents du travail sont, je le crois, documentés sur ce point — reste à savoir si les interprétations abusives de la loi de 1898 ne sont pas une véritable cause de démoralisation pour la classe ouvrière, et s'il n'est pas temps de réagir pour empêcher notre France, dont l'effort industriel actuel tend à être si grandiose, de devenir une nation de pensionnés et d'invalides !

Autre argument : les patrons s'intéressent fort peu à la question de l'état antérieur, et, par exemple, dans l'étude toute récente de M. Villemin, président du Syndicat de garantie du bâtiment, aucune récrimination n'est formulée contre la jurisprudence actuelle. Je répondrai que M. Villemin s'est occupé surtout des faits qui lui ont été démontrés comme les plus importants : prolongation non justifiée des repos accordés, simulation, attribution de rentes pour blessures n'entraînant pas de réduction de capacité de travail, augmentation, de jour en jour plus considérable, des honoraires médicaux, et, effectivement, toutes ces catégories priment en importance, pour les patrons, l'étude de l'état antérieur. Mais, de plus et surtout, il s'agit là d'études statistiques où le point de vue scientifique proprement dit est secondaire; un médecin, faisant un tel rapport, n'aurait eu garde d'oublier la question qui nous occupe. Je n'en veux d'autre preuve que l'intérêt soulevé par les rapports de Segond et Jeanbrau au Congrès de chirurgie. Les patrons ne savent pas encore à quel point ils peuvent être lésés par la jurisprudence actuelle sur l'état antérieur; nous verrons bien s'ils s'en désintéresseront à l'avenir. Je crois, au reste, que, si les compagnies d'assurances n'ont pas agi, jusqu'ici, dans cet ordre d'idées, c'est qu'elles ont eu à faire face au plus pressé, en particulier aux cas signalés par M. Villemin. Elles s'occuperont de l'état antérieur quand, au bout d'un certain nombre d'années, elles sauront quelles charges leur impose la jurisprudence actuelle.

Comment, nous dit-on, voulez-vous estimer de façon exacte la part respective de la prédisposition et de l'accident dans la genèse d'une lésion ? Je pense, pour ma part, que, dans certains cas, nous ne pouvons, effectivement, même pas dire en quoi consiste la prédisposition. Et bien, dans ces cas-là, reconnaissons notre impuissance, et laissons les magistrats se prononcer. Mais il existe des espèces dans lesquelles nous savons très bien ce qu'est la prédisposition, les risques qu'elle fait courir. Tels sont, par exemple, certains cas de hernies; en pareille matière, le professeur Berger a appris à beaucoup d'entre nous, a rappelé aux autres en quoi elle consistait, cette prédisposition. Il ne s'agit pas là de spéculations philosophiques, et nous demandons simplement qu'il soit tenu compte de données très véritablement scientifiques. C'est une complication, évidemment : devons-nous la redouter si elle sert la cause de la justice ? Balthazard nous dit que si le traumatisme est simplement révélateur d'une maladie préexistante qui se serait dévoilée sans lui, l'effort de l'expert doit se limiter à apprécier la durée pendant laquelle la maladie serait restée latente. N'est-ce pas là une tâche au moins aussi épineuse que celle consistant à apprécier, dans certains cas, le rôle de la prédisposition?

Voici, maintenant, un argument bien autrement important. La loi de 1898, disent nos contradicteurs, est une loi forfaitaire; l'ouvrier l'a acceptée à forfait, en admettant de ne toucher que la *moitié* de son salaire pendant la suspension de son travail et, dans le cas d'une incapacité permanente, qu'une rente égale seulement à la *moitié* de la réduction que cette infirmité a fait subir à son salaire. Le patron, avantagé du fait de cette réduction à moitié des indemnités à payer, doit être condamné à réparer, forfaitairement, tout préjudice causé à l'ouvrier par un accident, même si ce préjudice emprunte sa gravité à l'existence d'un état de prédisposition antérieure. En courant le risque de cet état, il ne fait que rendre à l'ouvrier ce que celui-ci lui donne d'un autre côté.

Tel n'est pas mon avis. Ce que le patron donne à l'ouvrier en échange de l'acceptation du demi-salaire ou de la réduction à moitié de l'incapacité permanente, c'est le droit d'être indemnisé de *tout* accident du travail, alors que, avant la loi de 1898, il ne lui devait quelque chose que si l'accident était imputable à une négligence de lui, patron. Avant 1898, 12 % seulement des accidents donnaient droit à une réparation; 12 % seulement, ceux dus à la faute patronale. Depuis la loi de 1898, 100 % des accidents sont indemnisés. Le cadeau fait par les patrons est, me semble-t-il — et ce n'est que stricte justice — plus important que celui fait par les ouvriers; le forfait est infiniment plus avantageux pour l'employé que pour l'employeur. Pourquoi donc chercher à grever encore l'industrie par une jurisprudence intempestive? Je lisais, dernièrement, dans un journal de loi, le cas de cette ouvrière qui, en s'amusant avec une de ses compagnes, reçut dans l'œil une boulette de je ne sais trop quoi. Il en résulta une incapacité temporaire qui fut attribuée à un accident du travail. Soit! mais, franchement, ne trouvez-vous pas que des charges de pareille nature soient assez lourdes sans qu'on aille encore les aggraver!

Je ne veux pas abuser de votre attention et discuter, chapitre par chapitre, les cas d'infirmités préexistantes, de prédispositions diathésiques, d'aggravation des maladies. Je demande seulement que la capacité de travail avant l'accident, et celle qui persiste après l'accident, ne soient pas les seuls éléments d'appréciation, que l'étude de « l'état antérieur » ne soit pas rejetée de parti-pris. Personne ne saurait, en pareille matière, poser de règles absolues; la médecine n'est pas la mathématique. Il s'agit toujours d'espèces. Sera-t-il donc interdit, lorsque le bon sens nous le permet, de les apprécier? Je sais très bien que, si vous avez affaire à un borgne en train de perdre l'œil qui lui restait, vous ne chercherez pas une atténuation à la responsabilité patronale dans le fait de la lésion antérieure. Pour être médecins, vous n'avez pas abdiqué tout sens commun ! Je suis bien sûr aussi que toutes les fois que je trouverai une hernie de faiblesse, révélée par un accident, je considérerai comme de mon devoir de signaler la prédisposition.

Au surplus, ne nous illusionnons pas trop sur l'état d'âme des adversaires du vœu du Congrès de chirurgie. Le professeur Reclus conclut, dans l'article auquel je faisais allusion, à ce que : « l'état antérieur du blessé ne puisse pas être invoqué dans le règlement des incapacités ». Mais, dans une clinique de la Charité (publiée dans *la Clinique*, 19 avril 1907), parlant d'un ouvrier porteur d'une hernie accident, il termine un exposé — admirable de clarté — de la question, en nous disant : « d'autre part, l'orifice inguinal externe du côté sain est dilaté, et on y perçoit l'impulsion d'une pointe de hernie. Cette lésion bilatérale est un signe presque certain de lésion préexistante qui diminuerait d'autant la responsabilité patronale. » M. Reclus n'admet évidemment pas, dans ce cas, que toute la lésion préexistât à l'accident; sans cela il conclurait que la responsabilité patronale est nulle; mais il admet que cette responsabilité est atténuée, du fait d'un état antérieur.

Peut-être, au fond, suffirait-il de s'entendre. Nous ne demandons que cela. Oui, la loi de 1898 est une loi d'humanité, oui, elle tend à réparer une des injustices sociales les plus criantes; mais il faut aussi qu'elle reste une loi d'équité, et il ne me paraît pas interdit de s'y employer.

Paris. — Imp. Jean Gainche, R. Tancrède, succr, 15, rue de Verneuil.